MAUX

ET REMÈDES

PAR

P.-B. MASSARD.

PARIS,

IMPRIMÉ PAR E. BRIÈRE,

RUE SAINTE-ANNE, 55.

1849.

Cet écrit n'est pas politique, n'est pas un acte d'opposition. S'il est pris en sérieuse considération, il peut produire le plus grand bien dans le pays, et les réformes qu'il indique seront plus efficaces pour ramener la sécurité et la confiance, que la substitution d'une forme de gouvernement à une autre. Il n'est pas davantage l'œuvre d'un socialisme aveugle se faisant le champion d'une partie de la société contre l'autre. L'ennemi du riche est l'ennemi du pauvre. Tous les intérêts sont solidaires et ont tous besoin d'être sauvegardés. Ceux qui ont l'ambition bien noble, sans doute, d'entraîner vers le progrès la grande famille, doivent une égale sollicitude à tous ses membres ; hors de là, il n'y a que haine et malheurs.

C'est aux hommes qui portent un cœur honnête et généreux que je m'adresse, et leur nombre est assez grand pour me soutenir et m'encourager.

[illegible]
[illegible]
[illegible]
[illegible]
[illegible]
[illegible]
[illegible]
[illegible]
[illegible]
[illegible]
[illegible]
[illegible]
[illegible]
[illegible]
[illegible]

MAUX ET REMÈDES.

Les classes qui possèdent les lumières et les richesses doivent à celles dont un travail dur et ingrat est la condition nécessaire, l'exemple de la moralité.

Pour l'homme dégagé de toute prévention, que l'esprit de parti n'aveugle pas, la société française s'offre aujourd'hui sous un aspect qui semble échapper aux esprits les plus éminens, trop préoccupés sans doute de la politique, pour faire entendre les sévères enseignemens dont elle a tant besoin.

Nous sommes sur une pente d'injustice et d'immoralité qui doit nécessairement conduire le pays à un abîme, si nos législateurs, d'une main ferme et hardie, ne nous ramènent dans le vrai chemin.

Ce n'est pas la politique qui nous sauvera ; d'ailleurs, sur ce terrain, personne ne s'entend : chacun y apporte sa passion, dispute et est prêt à se battre pour des choses qu'il ne comprend pas. Les hommes d'ordre sont aussi peu clairvoyans que les hommes de désordre. Ceux-ci aspirent à une répartition plus équitable du bien-être, et emploient le moyen le plus propre à les éloigner de ce but, la violence. Les autres veulent affermir l'ordre matériel, qui est tout pour eux, en employant ce qui, depuis trente ans, n'a cessé d'agiter et de révolutionner le pays, la compression.

Ces hommes d'ordre, qui jugent si sévèrement ceux qui pensent comme ceux qui remuent, ont toujours à la bouche la morale et la religion. Ils signalent avec amertume, comme si elles leur étaient étrangères, nos tristes tendances : plus de foi, plus de mœurs, plus de respect pour l'autorité. Mais, puisqu'ils sont si clairvoyans, comment ne recherchent-ils pas la cause d'un si grand mal et les moyens de le guérir ?

Ils parlent de religion, et chaque jour ils insultent la Providence, en attribuant les révolutions, qui ne sont que l'exécution de ses décrets, à l'esprit de désordre.

La royauté, le clergé, la noblesse, représentaient l'ordre avant 89. Le joug sous lequel ils ont tenu la nation pendant plus de dix siècles s'est-il fait aimer et respecter ? Si l'on aperçoit quelques rares lueurs de gloire et de bonheur, que de maux, que de ruines, que de sang, pour des questions qui n'intéressaient pas la nation, mais seulement l'orgueil et l'avarice des grands. Sans énumérer ici les guerres, les dévastations, qui ont presque sans interruption désolé la France. C'est au nom de l'ordre que tant de malheureux ont péri dans les auto-da-fés de l'inquisition. La Saint-Barthélemy, les massacres des Albigeois, des Vaudois, la révocation de l'édit de Nantes, ont eu l'ordre pour prétexte.

Mais au moins ces grands crimes politiques étaient-ils compensés pour les masses par l'humanité, par les vertus des nobles? Non. Elles gémissaient sous le despotisme le plus grossier et le plus exécrable; elles étaient créées pour le bon plaisir, et ne trouvaient aucun abri dans les lois. Quelques rares et sublimes exceptions donnaient seules au monde l'espérance que la vertu n'était pas disparue de la terre.

Et il fallait que lorsque ces trois puissances ne donnaient que l'exemple de la violence, de la cruauté et de la débauche, elles restassent en possession de l'amour et du respect de la nation! C'eût été une trop grande injustice, il eût alors fallu douter de Dieu. Frappées par lui, elles sont tombées punies de leurs iniquités; et si les horreurs de 93 pouvaient avoir une excuse, elle serait dans les horreurs plus grandes encore commises par ceux qu'a frappés cette heure de si terrible justice.

La tourmente de notre première révolution passée, les hommes d'ordre, qui ne savent pas plus que les privilégiés ne l'avaient su avant eux, à quelles conditions on peut posséder et jouir avec sécurité, aspirant à ce qu'ils appellent un pouvoir fort, s'attachèrent pour un temps à Napoléon : c'était plus que l'ordre, beaucoup mieux pour eux, c'était le despotisme; il coûta à la France plusieurs millions de ses enfans. Vint ensuite la royauté soi-disant légitime et de droit divin, puis l'usurpation de 1830, toutes deux acclamées au nom de l'ordre; mais, comme leurs devancières, elles en ont méconnu les véritables conditions; comme elles, elles sont tombées, et Février a confirmé le grand arrêt de la Providence.

Hommes d'ordre, vous ne pouvez vous refuser à reconnaître le doigt de Dieu dans vos victoires de mai et de juin 1848, et vous ne voulez pas le voir dans vos défaites de 89, de juillet 1830 et de février 1848. Vous protestez toujours, quelle inconséquence !

Vous accusez tout, excepté vous-mêmes qui êtes les vrais coupables, car vous seuls devriez avoir l'influence et l'initiative, puisque vous seuls possédez les lumières et les richesses. Mais la peur ne vous permet pas de généreuses inspirations, et vous laissez les ambitieux et les rêveurs gâter une œuvre qui devrait être la vôtre.

Selon vous, 89 devait être le dernier mot de l'idée révolutionnaire, vous ne voyiez rien au-delà, et effrayés par nos bouleversemens périodiques, vous vous écriez que la France est ingouvernable autrement que par l'emploi de la force ; aussi appelez-vous secrètement une restauration pour vous décharger sur elle de toutes vos préoccupations. Vaine espérance, il faut aujourd'hui combattre, payer de sa personne ; vous remplacez dans l'arène ceux que nos grandes luttes ont renversés, et si dans votre position élevée, à bon droit considérée comme un privilége, vous continuez à fouler aux pieds la justice et la moralité, vous subirez le même sort.

Sachez-le bien, il faut aller en avant, c'est la destinée humaine ; notre première révolution n'a été qu'un pas dans la voie du progrès ; celle où vous voudriez revenir est celle de la décadence, et n'est pas la voie de Dieu. Vous encouragez les progrès scientifiques, industriels parce que vous en profitez ; soyez assez généreux pour aider au progrès social dont vous croyez, dans votre aveuglement, ne pas devoir partager les avantages.

La France n'est pas telle que vous la voyez, rien n'est

plus facile que de la conduire. Les meilleurs sentimens existent dans les masses ; tout ce qui est noble et généreux y excite les plus vives sympathies ; mais, il faut le dire, c'est un champ que nos derniers gouvernemens ont couvert de mauvaises semences.

Consultez l'histoire, elle vous dira ce que l'on peut faire de notre nation, et quelle est sa facilité. Recevant toujours l'impulsion d'en haut, elle a été tour à tour, comme ses maîtres, superstitieuse jusqu'à la cruauté, débauchée, guerrière à l'excès ; dirigez cette facilité d'entraînement vers le bien ; vivifiez, fécondez les nobles instincts, et vous verrez changer les destinées de votre pays, et vous obtiendrez ce que vous n'avez jamais connu, l'ordre moral, sans lequel l'ordre matériel n'existera jamais.

Aujourd'hui, la France sans la royauté apparaît comme un jeune arbre dont le tuteur vermoulu vient de tomber à terre. Sa position n'est pas sans dangers ; il est battu par bien des vents contraires qui le secouent violemment et font courber sa tête ; mais ces agitations dont il triomphera hâteront sa virilité.

A l'œuvre donc, législateurs ; à l'œuvre hommes de cœur de tous les partis, notre jeune République fait appel à votre dévouement !

Et d'abord il faut bien se pénétrer des grandes vérités qui dominent la situation.

C'est qu'il n'y aura jamais de gouvernement fort que celui qui saura conquérir les sympathies des masses, en s'occupant sans relâche de l'amélioration de leur sort. L'administration n'a pas d'autre mandat ; si elle ne marche pas vers ce but, elle n'est qu'une forme vaine et stérile.

C'est, en second lieu, qu'il ne peut exister de respect pour l'autorité, si l'autorité n'est pas respectable.

C'est, enfin, que les classes qui possèdent les lumières et les richesses doivent à celles dont un travail dur et ingrat est la condition nécessaire, l'exemple de la moralité.

Je n'admets pas cette opinion, qui trouve malheureusement trop peu de contradicteurs, que, dans les états de grande civilisation, il existe, comme inhérents à leur nature, certaines imperfections, certains vices, qu'il est aussi impossible de cacher que de guérir. Avant de déclarer un mal incurable, il faut tenter de lui trouver un remède ; sans cela, il faudrait reconnaître en principe, ce qui serait une impiété, que le progrès matériel exclut le progrès moral, et qu'ils doivent, par la force même des choses, marcher en sens inverse ; alors, que devient le divin précepte : Croissez et multipliez, s'il doit nécessairement nous conduire à la démoralisation.

Mais non, déclarons-le énergiquement et bien haut : l'œuvre de Dieu n'est pas là : s'il a écrit sur le front de l'homme le mot progrès, c'est pour qu'il y marche dans toutes les voies ; c'est pour qu'en devenant plus heureux par ses efforts et ses conquêtes, il devienne en même temps meilleur.

Ceci exposé, je vais indiquer les maux auxquels il est le plus urgent de porter remède.

Les observations, les idées qui vont suivre, je ne me les attribue pas, elles sont, j'en suis convaincu, dans la conscience de tous les bons citoyens. Mais, avant d'être pratiquées, il faut qu'elles soient produites et soumises à la raison et à la justice de tous.

Dans un état bien organisé, le premier devoir du législateur est de s'occuper de la jeunesse ; c'est vers elle que doit se porter sa plus vive sollicitude, car la jeunesse est l'espoir de l'avenir.

L'on a fait jusqu'ici de louables efforts pour répandre et perfectionner l'instruction. Mais pour l'éducation, la moralisation, qu'a-t-on fait ? Rien. Dans quelle situation place-t-on cette foule de jeunes gens qui doivent occuper les siéges de la magistrature, les emplois dans l'administration, les offices ministériels, et qui doivent aussi comme médecins, obtenir une confiance, une influence si grandes dans les familles. Au sortir du collége, au moment de la naissance des passions, où ils ont le plus besoin de soutien et de conseils, on les livre à eux-mêmes dans les grandes villes où se font les cours de droit et de médecine. Entraînés par des penchans trop puissans à un âge où la raison n'a pas encore son empire, à combien de désordres ne se livrent-ils pas ?

L'estaminet, le bal, la grisette, absorbent presque tous les instans d'une vie que la moralité de nos romanciers a voulu rendre poétique ; ils ont bien chanté les voleurs et les assassins ! Je n'accuse pas la jeunesse, mais l'administration, dont la coupable imprévoyance et la faiblesse tolèrent un si grand mal.

Après les trois années soi-disant d'études, les élèves, leurs examens subis tant bien que mal, entrent dans la vie publique, mais dans quelles conditions ? combien sont perdus de mœurs, atteints dans leur santé ? et n'en est-il pas aussi qui ont oublié l'honneur ? Les parens donnent à l'enfant une pension suffisante pour travailler et vivre nonnêtement, mais qui ne l'est plus pour une existence de plaisir et de désordre.

Il est vrai que, pour justifier cette situation de la jeunesse de nos écoles, l'on prétend qu'il faut bien que jeunesse se passe ; que d'ailleurs il en a toujours été ainsi, et que c'est un mal sans remède.

Nous ne sommes plus au temps où une pareille doctrine pouvait être admise. Et que diraient donc ceux qui parlent de la sorte, si les étudians s'adressaient à leurs filles dont ils conservent la pureté et l'innocence avec une si tendre et si vive sollicitude ? Ils diraient que cela est infâme, et demanderaient protection à la loi. Mais ce sont les filles des ouvriers, et cela est bien différent. Au milieu des difficultés de la vie, ces derniers ne peuvent pas exercer sur leurs pauvres enfans une continuelle surveillance. Après les avoir élevées jusqu'à quinze ou seize ans, les avoir tenues près d'eux, il faut les mettre en apprentissage, les placer dans les magasins pour leur apprendre un état. Alors naît le danger pour elles. Et demandez aux chefs des établissemens où elles sont placées combien parmi elles restent pures. Elles cèdent presque toutes à l'attrait du plaisir, et ne tardent pas à aller grossir les rangs de la prostitution.

Vous qui prêchez la morale au peuple, commencez donc par faire cesser cette dégoûtante exploitation. Moralisez votre société, et vous n'aurez pas besoin pour la défendre de vous tenir continuellement sur le pied de guerre. Ce sera le meilleur moyen de repousser ces attaques dont vous êtes si effrayés, et qui ne sont pourtant que des avertissemens providentiels.

Pour cela il faut renfermer les écoles de droit, de médecine. Il n'y a réellement pas de difficultés, si l'on en rencontre, il faut les vaincre. Alors l'administration recevra la bénédiction de tous les pères de famille, qui lui paieront avec joie la pension qu'ils font à leurs enfans, et posséderont une juste sécurité, au lieu des soucis et des inquiétudes qui les tourmentent. L'on conservera ainsi à la jeunesse, avec sa moralité, l'amour du travail et le sentiment du devoir, qu'elle perd nécessairement dans une si funeste indépendance.

A côté de ce mal, s'en trouve un autre bien plus terrible encore, c'est l'envahissement de notre société par la prostitution. Si ce mal est nécessaire, et je l'admets, n'est-ce pas un devoir pour ceux qui nous gouvernent de le renfermer dans les limites les plus étroites. Si les populations flottantes rendent indispensables dans nos grandes villes l'existence de cette plaie morale, qu'on la cache au moins à tous les yeux, qu'on la relègue dans ces maisons tolérées, seuls lieux où elle devrait trouver un asile; mais qu'elle ne soit pas étalée effrontément à la face du ciel. Quel est l'endroit public, promenade, bal, concert, spectacle, où ce que nous devons respecter le plus au monde, nos mères, nos femmes, nos filles ne soient en contact avec ces malheureuses qui viennent y mettre à l'encan leurs banales amours.

Leur multitude est devenue si grande, qu'elle a éveillé la spéculation, et a fait ouvrir de nombreux établissemens qui ne sont autre chose que les bazars de la prostitution. Si l'on ne nous arrête sur cette pente fatale, le caractère national, atteint déjà si profondément par tant de funestes entraînemens, y perdra ses plus précieux instincts. Qu'est devenu le respect, le véritable amour des femmes, cette galanterie qui nous distinguaient ; ils n'existent plus. Nos jeunes gens, blasés, fuient les salons où ils ne savent que bâiller, et vont vivre publiquement avec ces femmes éhontées. Ce ne sont que parties de plaisir, festins de jour et de nuit, jeux effrénés où se perdent la fortune et l'honneur.

Jamais il n'avait été pourvu plus largement à leurs besoins d'élégance et de luxe; meublées somptueusement, l'équipage même ne leur fait pas faute, et elles sont logées dans les plus belles maisons de la ville, où, grâce à un loyer excessif, les propriétaires peu scrupuleux les reçoivent, et deviennent ainsi complices de la faiblesse de l'autorité.

Ce mal est grand et général, il existe en bas comme en haut ; mais à qui la responsabilité ? Qui donc doit donner l'exemple ? La conscience nous le dit : le père au fils, le maître à l'élève, le riche au pauvre ; et c'est encore le pauvre qui fait les frais de cette vaste exploitation du vice ; ce sont ses filles que l'on entraîne ; elles quittent une position obscure et honnête, pour courir après une existence où elles brillent un instant dans la honte, et atteignent bientôt la misère et la mort.

Et l'on parle de foi, de croyance, et l'on regrette ces pompes de la religion, ces processions qui frappent l'imagination des masses, et élèvent leurs pensées vers l'être de toute justice. Avant de nous ramener à ces pieuses et saintes pratiques, commencez par purifier la sentine, autrement ce serait un sacrilége de plus.

En suivant cette voie de l'immoralité, nous allons découvrir une autre plaie non moins hideuse.

Le plus bel axiome en droit criminel est écrit dans

toutes les législations, prévenir plutôt que punir, et cependant chez nous l'imprévoyance de la loi semble concourir à multiplier les crimes.

A moins de nier la lumière, il faut reconnaître avec tous nos criminalistes, que les maisons de détention et les bagnes sont loin d'être des écoles de mœurs.

C'est dans ces lieux maudits que se perfectionne et s'élabore la science du mal, et chaque jour les condamnés qui ont subi leur peine en sortent comme autant de professeurs qui ne tardent pas, hélas, à trouver de nombreux élèves parmi les enfans du peuple, car c'est toujours sur le peuple que pèsent les imperfections et les injustices dans toutes les choses de ce monde.

Dans les hautes classes de la société, c'est l'objet tout particulier de la sollicitude des parens d'éviter pour leurs enfans les mauvais exemples, de les éloigner des hommes pervers, et il en existe partout, qui pourraient les entraîner et les perdre. Ceux dont les inclinations sont les moins bonnes, sont retenus par une surveillance active, par des habitudes de famille et le bien-être qui les entoure ; et pourtant, malgré les efforts des parens, en dépit de tous ces freins, il en est encore beaucoup qui succombent et se perdent. Aussi, demandez à tous les pères de famille s'ils ne préféreraient pas plutôt la mort pour leur enfant que de le voir le compagnon et l'ami d'un scélérat.

Et cependant, c'est au milieu des travailleurs, c'est près de leurs enfans que la société vomit ce qu'elle a de plus impur et de plus gangrené.

Si le fils de l'ouvrier n'a pas une grande énergie pour le bien, s'il a quelque mauvais penchant qui n'attende

2

qu'une occasion pour se développer, et que le contact
d'un de ces hommes vienne l'atteindre, qui le retiendra?
ce n'est pas le bien-être; sa vie est difficile et rude comme celle de son père auquel le labeur de chaque jour ne
permet ni contrôle, ni surveillance; alors l'enfant est per-
du.

Combien de malheureux jeunes gens qui n'étaient
que faibles et légers, et que ces relations funestes ont in-
sensiblement entraînés au crime. L'un d'eux, âgé de 27
ans, qui donnait il y a peu de jours, à la ville d'Angers,
l'exemple d'une expiation terrible, disait en montant sur
l'échafaud : *Si la société était autrement faite, je ne se-
rais pas ici.*

Et qui donc n'a souvent gémi de voir pénétrer chez les
ouvriers ces habitudes de violence et de férocité qui, dans
des querelles de cabaret et ailleurs, pour les causes les
plus futiles, leur mettent le couteau à la main, et leur
font attenter à la vie de celui qu'un instant avant ils ve-
naient d'accueillir comme un frère.

En peut-il être autrement quand il existe au milieu
d'eux tant de ces hommes pervers, qui, prédestinés au
châtiment, regardent comme un triomphe de les entraîner avec eux dans l'abîme?

Ainsi s'augmente chaque jour le nombre de ces hommes dont l'existence est une lutte continuelle contre la
loi. Ainsi s'augmentent sans cesse et le nombre des crimes et les dangers de la société.

Dans un certain monde, on n'est pas préoccupé des
vices de cet état de choses, on y est à l'abri de ce contact,
et d'ailleurs la loi frappe, le crime expié, que demander
de plus!

L'on ne songe pas aux douleurs de tant de pauvres familles. Croit-on donc que la mère d'un ouvrier souffre moins en voyant son fils sur le banc de l'infamie que si elle était d'une classe moyenne ou opulente ? Hélas! non, car si son orgueil est moins grand, sa tendresse est la même.

Voilà la plus cruelle des misères des travailleurs, et le gouvernement qui la fera disparaître méritera à bon droit leur reconnaissance.

Le meilleur moyen pour atteindre ce but si désiré a été souvent proposé : maintenir les maisons de détention et les bagnes ; mais à l'expiration de la peine, dont on diminuerait la durée, pour ne pas faire de cette mesure une aggravation, envoyer les libérés dans une colonie gardée militairement, avec une législation juste, mais sévère, qui laisse l'espoir de revoir la patrie à celui qui, par sa conduite, aura donné la garantie d'un retour sincère dans la bonne voie.

Ce moyen, il faut l'introduire dans la loi ; il appartient à la République de réaliser un aussi véritable progrès, car elle doit tout épurer, tout moraliser, c'est là sa plus belle, sa plus noble mission. Les moralistes se sont souvent préoccupés du sort des condamnés, on a cru bon et efficace le système d'isolement ; il a été appliqué malgré la controverse ; il est bien cruel, porte-t-il de meilleurs fruits ? Pour punir et moraliser, étudiez l'espèce d'hommes auxquels vous avez affaire. Comment se sont-ils perdus ? par la paresse, l'ivrognerie et la débauche.

Leur peine une fois subie, si le travail leur manque, s'ils sont exclus des ateliers, ou si un irrésistible penchant les entraîne, leur unique ressource est dans le crime, et que de repaires s'offrent à eux pour abriter et satisfaire leurs mauvaises passions.

Sous un autre ciel, le travail sera possible, il sera forcé, ils n'auront rien près d'eux dont l'attrait puisse les séduire. Alors pourra naître le regret de la vie passée, et l'aspiration à une vie nouvelle. Le travail dans ces conditions, peut seul moraliser l'homme le plus pervers.

Il y a dans cette proposition, si elle était adoptée et mise en pratique, sécurité pour tous, sauvegarde pour la moralité du peuple, et pour le libéré, travail et espérance.

Je ne puis terminer cette triste revue de nos plus dangereuses infirmités, sans en signaler une autre qui est leur compagne obligée, et dont le germe né et développé dans les hautes régions ne tardera pas à gagner tout le corps social : C'est un penchant fatal à s'éloigner de la vertu qui est une des premières conditions de l'ordre moral, la probité. Sans doute, le sentiment de l'honneur existe encore, mais il est fortement atteint par une faiblesse, une indulgence universelle, qui ne tend à rien moins qu'à l'effacer tout à fait. Les exemples les plus funestes ont été donnés, et sans parler de ce que révèlent chaque jour nos fastes judiciaires, en est-il beaucoup, parmi les innombrables affaires industrielles par actions qui se sont produites depuis quinze ans, qui aient été autre chose qu'une sorte de spoliation légale, un appât au moyen duquel le nécessaire des uns est venu augmenter le superflu des autres ? Tout a été employé pour exploiter la passion du jour, le besoin de jouissance, l'amour de l'or. Fallacieuses promesses, calculs erronés, intrigues de bourse, et combien de noms honorés qui sont venus, à leur insu sans doute, faciliter les entraînemens, et perdre un peu de leur lustre, en patronant ces indignités. Dans les marchés adjugés, dans les fournitures, dans les affaires commerciales, dans les rapports avec le fisc, dans les successions, que de transactions avec la conscience, que de coupables actes, que la tendance que j'indique fait trouver tout naturels. En marche dans une aussi mauvaise voie, on ne s'y arrêtera pas, et comment envisager sans effroi le but vers lequel elle conduit.

Lorsque la moralité publique est près d'être vaincue, c'est que la loi est trop faible, et la loi seule, par sa sévérité peut soutenir et relever la société qui trébuche.

La situation nouvelle faite à la nation nécessite impérieusement la réforme de la législation sur les points que je signale. La lumière s'est faite, en vain l'on fermerait les yeux pour ne pas la voir, la guerre est déclarée entre le bon et le mauvais principe, il faut que l'un ou l'autre triomphe.

Les classes inférieures regardent en haut, elles attendent, et suivront la route où les entraîneront les classes élevées ; si c'est celle de la démoralisation, elles les y gagneront de vitesse, et à un point donné de la course, accompliront un acte de haute justice dont assez d'exemples récens devraient pourtant les préserver. Au contraire, si c'est celle de la moralité et de l'honneur, elles les y suivront avec bonheur. Bientôt les passions se calmeront, le respect remplacera l'envie, et la société prendra possession d'une force, d'une sécurité réelles et durables.

Alors sera facile à accomplir ce devoir de si impérieuse justice et de véritable fraternité, l'amélioration du sort des travailleurs.

Déjà, sur ce point, tout le monde reconnaît qu'il y a beaucoup à faire ; ne nous arrêtons donc pas devant de prétendues difficultés, n'hésitons pas ; il est si facile d'être juste ; il est si doux de faire le bien.

Et d'abord, quelle est la classe des travailleurs dont la situation doit plus particulièrement éveiller la sollicitude du législateur ? C'est l'armée. Assez long-longtemps elle a été payée d'ingratitude, et pourtant la France lui doit et sa force et sa gloire. Dans nos guerres extérieures comme dans nos si tristes et si regrettables luttes intestines, que ne font pas pour nous son courage et son dévoûment si désintéressés? Officiers et soldats donnent à l'envi l'exemple du plus éclatant patriotisme; c'est leur sang qui, en toute occasion, vient cimenter tour à tour et l'honneur, et le repos de la nation. Cependant, jusqu'ici, qu'a-t-on fait pour adoucir le sort du soldat? rien ou presque rien ; l'on a été seulement prodigue d'é-loges et de flatteries. Il est bien temps enfin de se montrer juste, sinon généreux, et de faire à l'armée la première application des réformes reconnues nécessaires.

Pour l'instruction des masses, l'administration publique paraît disposée à prendre des mesures qui promettent de bons résultats ; que l'on y joigne l'instruction de l'armée, et le système d'éducation populaire recevra un complément admirable ; qu'il soit formé dans tous les régimens et dans chaque compagnie des classes où seront enseignés la lecture, l'écriture, l'orthographe, le calcul, la géographie, l'histoire et le dessin linéaire ; que la présence aux classes soit obligatoire comme elle l'est aux exercices, et après son temps de service, le soldat rentre dans sa famille avec une instruction solide, lorsqu'il en était sorti brut et ignorant. L'on rendrait ainsi chaque année, à leurs foyers, 80,000 hommes doués d'assez de lumières pour qu'ils puissent y exercer la plus salutaire influence, et l'on donnerait en outre à celui auquel est confiée la noble mission de défendre l'État une dignité dont il ne jouit pas dans l'organisation actuelle.

Au bienfait de l'éducation que l'on ajoute un peu de bien-être, que l'on supprime le remplacement militaire (1), système déplorable, qui donne tant de mauvais soldats à l'armée. A quelques exceptions près, que deviennent les sommes stipulées aux contrats de remplacement? Avant l'expiration de l'année de garantie, les remplaçans ont obtenu, à l'aide de remises ou intérêts usuraires, la presque totalité de ce qui leur est dû, pour le dépenser dans les cabarets et dans les mauvais lieux, au détriment de la discipline et de la moralité du soldat. Que l'on substitue à un si triste état de choses l'établissement d'une caisse militaire dans laquelle sera versée la somme qui sera reconnue nécessaire pour libérer du service chacun de ceux auxquels leur fortune permettra de s'en affranchir.

Après sept années, les capitaux ainsi versés et leurs intérêts cumulés seront distribués aux militaires congédiés appartenant à la classe qui les aura versés.

A l'aide de ces améliorations, la conscription ne sera plus un impôt cruel, le départ de l'enfant ne coûtera plus de larmes à sa mère : le regiment deviendra une école où se formeront d'utiles citoyens, qui rentreront dans leurs

---

(1) Cette bonne idée appartient à M. Joffrès, avocat du barreau de Paris.

foyers avec ce que certainement ils n'auraient pas acquis en y restant.

Et ce que l'on réalisera ainsi, pour celui qui est appelé à la défense du pays ne sera que l'acquit d'une dette. Est-il donc juste de prendre à l'homme sept années de sa vie, souvent cette vie elle-même, et cela sans aucune compensation?

Après l'armée, viennent les travailleurs des usines et des manufactures, population militante, vivant au jour le jour, sans espérance, sans avenir, dans la misère et la dégradation.

Dans une famille, si parmi plusieurs enfans il s'en trouve un moins bien doué par la nature, atteint d'un mal physique ou moral, toute la sollicitude du père et de la mère se porte vers le petit malheureux ; des soins, des préférences mêmes viennent compenser, soulager ses souffrances ; une surveillance particulière, constante, énergique est employée à corriger ses mauvais pen-chans.

Dans la grande famille sociale, il en doit être de même. Le temps de l'indifférence est passé, songeons à nos en-fans disgraciés et souffrans. Heureusement, et il est doux de le proclamer, une majorité généreuse est d'accord sur ce point, les efforts se multiplient, les idées jaillissent et convergent de toutes parts vers ce but humanitaire. Qu'il me soit donc permis d'apporter à cette œuvre sublime mon faible tribut.

Les ouvriers des usines et des manufactures en France ne retirent de leur travail, à peu de chose près, que le pain de chaque jour. Leur salaire varie entre 2 fr. 50 c., 2 fr., 1 fr. 50, et souvent au dessous. Beaucoup prétendent

qu'avec cela, si l'ouvrier avait de l'ordre et de la conduite, il pourrait assurer son avenir. Examinons : d'a-
bord ce salaire est diminué par les chômages, par les
maladies et les charges de famille ; ensuite, l'ouvrier,
comme les autres hommes, et peut-être plus qu'eux, a
besoin de distractions et de jouissances, or, s'il veut se
procurer les plus économiques, les plus innocentes, adieu
l'épargne.

Mais l'économie lui est-elle humainement possible ?
L'on conçoit cette vertu chez l'homme qui peut en réaliser
une appréciable. Celui qui, chaque année, met de côté
dix, cinq, trois mille, et même simplement mille francs,
fait une économie sensible susceptible d'entretenir son
courage, en lui faisant entrevoir un avenir, si modeste
qu'il soit.

Mais l'ouvrier, pût-il mettre chaque jour 25 centimes
dans son épargne, et il lui faudrait alors une énergie,
une constance, une sagesse surhumaine, il obtiendrait
75 fr. de rente après vingt ans ; est-ce là un but, un
avenir encourageant ? La main sur la conscience, qui
pourrait l'affirmer ? Or, comme il est en partage avec le
reste de l'humanité pour les besoins et les faiblesses, il
atteint ses derniers jours après trente ans de travail, suivant le plus ou moins de salubrité de ses occupations,
n'ayant pour bagage que l'indigence et les infirmités, et
meurt en maudissant la société.

Le travailleur est le principal agent de la prospérité
publique. Admettons, en principe, que son présent et
son avenir doivent être assurés ; dans l'état actuel, ils ne
le sont pas. Que faire pour réparer cette injustice ? je vais
vous le dire :

Mais, avant tout, je repousse ces idées qui se produisent sous le titre douteux d'assistance publique. Ce système, pour le travailleur, répugne à la dignité de l'homme. A chacun ce qui lui est dû, et rien de plus.

Que dans nos temps d'imperfections sociales, les souffrances, les misères qu'elles ont produites soient soulagées par la charité, rien de mieux ; mais celui qui, trente ans de sa vie et douze heures par jour, a travaillé pour la société, ne doit pas en avoir besoin.

Le capital est un élément pour produire ; mais cet élément, qui ne peut rien sans le secours des bras, de l'adresse, et aussi de l'intelligence de l'ouvrier, doit-il, lorsqu'il appelle à lui un concours qui n'est pas moins indispensable que le sien, absorber tous les bénéfices de la production ? Evidemment non.

Cherchons donc ce qu'il y a à faire, trouvons une balance où placer des intérêts si opposés jusqu'ici. Toutefois, pour être juste, il faut admettre comme troisième et important élément, dans les diverses industries, l'intelligence et la direction du manufacturier.

Je ne crois pas possible l'association entre le maître et l'ouvrier dans les termes ordinaires, de manière à amener un compte et des débats entre eux. Au lieu de cette association, établissez en principe que les ouvriers pris en masse, solidaires entre eux, à quelque industrie qu'ils appartiennent, sans distinction ni privilége, ont droit à une part dans les bénéfices des chefs d'établissemens qui les emploient.

Cette part, je la fixe dans deux hypothèses : dans la première, d'abord, à deux dixièmes des bénéfices, parce qu'en cas de ruine du manufacturier, les dixièmes versés seront rapportés. Dans la seconde, je la fixe seulement à un dixième; mais alors il n'y aura lieu à rapport dans aucun cas. Dans cette seconde combinaison, il y a équité incontestable; il reste au maître, pour son capital, son intelligence, et pour ses chances de pertes, neuf dixièmes.

Cette juste et nécessaire concession admise, il sera établi une caisse centrale de l'industrie, dans laquelle sera versée chaque année cette part de l'ouvrier; les intérêts se cumuleront et arriveront à former un capital énorme, qui devra servir à chaque ouvrier porteur d'un livret, constatant trente années de travail et de probité, une rente viagère proportionnée à l'intérêt que produira le capital versé. Cette rente sera au moins de 350 fr. après la première période de trente ans. Les ouvriers arrêtés dans leur carrière par des infirmités ou des blessures graves recevront une rente proportionnée au temps de leur travail.

Cette caisse pourra, en outre, être d'une utilité incontestable pour l'État, qui y trouvera des ressources immenses; elle pourra aussi venir au secours du commerce et de l'industrie en temps de crise. Ne pourrait-elle pas même, en temps ordinaire, fournir, moyennant garantie, aux chefs d'établissemens, à un intérêt de 4 p. 100 des capitaux qu'ils n'obtiennent aujourd'hui qu'à 7 et quelquefois 8 p. 100? Ce serait pour eux une économie qui viendrait en compensation du dixième versé.

Mais, dira-t-on, à qui et comment les manufacturiers et autres industriels verseront-ils ce dixième de leurs bénéfices? Quel sera le contrôle? Comment pourra s'exercer la vérification, sans rendre publique leur situation, et en sauvegardant leur crédit.

Le versement se fera entre les mains de magistrats institués, qui se trouveront investis par la loi d'une mission d'honneur, d'une sorte de sacerdoce qui leur imposeront le secret sur cette confidence forcée des inventaires de chaque année, comme le devoir le plus respectable et le plus sacré.

- Si l'on veut connaître l'opinion de plusieurs industriels auxquels cette idée a été communiquée, voici comment ils l'apprécient.

Qu'elle soit proposée, disent-ils. Non-seulement tous les hommes de cœur l'adopteront avec bonheur, mais aussi ceux que leur intérêt bien entendu guidera. Du jour où elle sera mise en pratique, plus de jalousie, plus d'hostilité entre le maître et l'ouvrier. Ils deviennent membres d'une même famille, ils travaillent en commun, ils courent vers un but utile à tous deux. Dans l'usine, plus de perte de temps, plus de coulage, plus de soustraction. Chaque ouvrier devient surveillant, ses yeux s'ouvrent pour conserver un intérêt qui est devenu le sien, et par ce concours tout nouveau et de chaque instant, le maître retrouvera à peu de chose près le dixième par lui versé chaque année, et un autre résultat non moins immense de la réalisation de cette idée sera d'intéresser le travailleur à la prospérité publique et de créer une sorte de solidarité entre tous. Quels seront les aveugles, ceux qui tiennent ce langage, ou ceux qui s'opposeront à l'adoption de cette salutaire et féconde mesure?

Voilà quelques-unes des améliorations et des réformes qui sont devenues nécessaires dans la situation actuelle des esprits; il en doit résulter un bien immense pour le pays, bien moral autant que matériel, et qui commencera à résoudre le problème de l'union et de la fraternité.

Que tous ceux qui sont avides d'ordre ne le cherchent pas ailleurs que dans la voie que je viens de tracer ; il n'est que là. En vain l'on se tourmente, l'on s'ingénie pour trouver le moyen de vaincre ce que l'on appelle l'esprit révolutionnaire. Il ne sera vaincu, ou plutôt il ne sera satisfait, que lorsque seront relevés la justice et la moralité publique.

Les mesures soi-disant politiques, les lois répressives, les grands déploiemens de force matérielle triomphent pour un temps de l'esprit de révolte ; mais en l'étendant, en le fortifiant, et ramènent aux révolutions plutôt qu'ils n'en éloignent.

Ceux qui ne voient pas d'autres moyens d'assurer le salut de la société sont bien oublieux du passé, s'inquiètent peu de l'avenir, et ne savent que vivre au jour le jour.

Quand un parti arrive au pouvoir, il ne devrait avoir pour préoccupation que de faire mieux pour le bonheur et la prospérité du pays que celui auquel il succède. Mais le malheur de ce temps-ci, c'est que l'on fait de toute question une question de personnes ; les démocrates exaltés sont moins stimulés par leur patriotisme, par l'intérêt des masses, que par une haine profonde contre les hommes de conservation, qui, eux-mêmes, se rattacheraient peut-être moins au passé si leurs ennemis leur faisaient moins craindre l'avenir, et si leur condition n'était pas toujours de sacrifier à la peur.

Des deux côtés, l'on est également dans la passion et

dans l'erreur; dès deux côtés, l'on est loin du véritable progrès.

Arrière donc les hommes aggressifs et violens qui semblent ne vouloir édifier que sur les ruines de notre société. Repoussons leurs théories, tant qu'elles ne frapperont pas par une application possible et raisonnable la conscience de tous. Mais arrière aussi ces hommes infatués d'un passé misérable, conspirant sans cesse contre l'avenir. Vous avez, nous disent-ils, laissé abattre les seules barrières qui vous pouvaient défendre, la royauté et la noblesse, il faut les relever ou succomber comme elles. N'acceptons pas cette triste et humiliante alternative. Marchons résolument dans la voie du progrès moral et matériel. Faisons ce qu'ils auraient dû faire, la victoire est à ce prix.

Paris. — Imprimerie de E. Brière, rue Saint-Anne, 55.